Ordnung und Struktur

Ordnung ist das halbe Leben.
—Sprichwort

■ »Ordnung ist das halbe Leben – die andere Hälfte ist mir lieber.« Diesen Satz habe ich früher häufig gesagt. Heute sehe ich das anders. Ordnung ist für mich nur noch selten lästige Pflicht. Meist erlebe ich es als wohltuend, wenn in meinem Leben aufgeräumt ist.

Die Natur selbst ist voller Ordnung und Struktur. Das Gerippe eines Blattes gibt den einzelnen Zellen Halt und stellt die Versorgung sicher. Ohne Ordnung würde vieles zusammenbrechen – in der Natur, aber auch im gesellschaftlichen Leben. Wir Deutsche kommen ja schon aus dem Takt, wenn die Bahn mal zwanzig Minuten Verspätung hat.

Es ist klar: Ordnung und Struktur erleichtern das Leben – wenn man sie erst einmal etabliert hat. Das kann herausfordernd sein, weil es eine ganze Menge Denk- und Handlungsarbeit erfordert. Und wenn die gewählten Strukturen effizient sind und zur eigenen Person und zum eigenen Leben passen. Das ist häufig nicht der Fall. Die vorhandenen Bücher und Tipps zu Ordnung fand ich nicht immer hilfreich – etwa die Empfehlung, anstehende Aufgaben in vier Quadranten einzuteilen: dringend und wichtig, nicht dringend und wichtig, dringend, aber nicht wichtig, und weder dringend noch wichtig.

Manchmal denke ich: Menschen, die sich solche Ordnungssysteme ausdenken, scheinen zu der Spezies Mensch zu gehören, die ohnehin super strukturiert sind. Gelegentlich flachse ich: »Menschen, die sich Ordnungssysteme ausdenken, scheinen ein Gehirn zu besitzen, das in Quadranten denkt!«

In den letzten Jahren habe ich mich intensiv in Theorie und Praxis damit beschäftigt, wie ein geordnetes Leben auch für diejenigen zu schaffen ist, denen es eher schwerfällt, in ihrem Besitz und in Abläufen gute Strukturen zu etablieren. Und wie das so einfach und unkompliziert wie möglich zu schaffen ist. Die hilfreichsten Erkenntnisse beschreibe ich in diesem Quadro.

In Woche 1 erläutere ich den Nutzen von Ordnung – weil man etwas nur dann entwickeln kann, wenn man den Sinn dahinter versteht. Ich entlarve den Mythos vom kreativen Genie, das das Chaos beherrscht. Stattdessen zeige ich, wie gute Struktur das Leben entlastet und einen sogar kreativer macht.

In Woche 2 geht es um die Ordnung der Dinge. Wie man Besitz reduziert oder – wo es sinnvoll ist – sogar vermehrt. Und wie man die vorhandenen Dinge in eine Ordnung bringt, die dem Leben dient.

Woche 3 beschäftigt sich damit, wie man Aufgaben sinnvoll ordnet. Das Thema Arbeitsorganisation nimmt hierbei nur einen relativ geringen Teil ein, weil es dazu ein separates Quadro mit dem Titel *Arbeitsorganisation* von meinem Kollegen Christoph Schalk und mir gibt.

Und schließlich geht es in Woche 4 darum, was unser Gehirn braucht, um ganz entspannt klar und geordnet denken und arbeiten zu können.

Ich mache dir keine Illusionen: Das Leben aufzuräumen und bessere Strukturen zu schaffen, kann herausfordernd sein. Es ist ein gutes Stück Arbeit.

Male dir vor dem Lesen dieses Quadros deshalb dein eigenes Ziel vor Augen:

- Was soll am Ende des Prozesses aufgeräumt sein?
- Was soll anders sein als bisher?
- Wie genau sieht das dann aus?
- Wie fühlt es sich für dich an?

Wenn du ein Ziel klar vor Augen hast und es für dich motivierend und stärkend ist, dann kannst du auch viel leichter den Weg gehen, der dich dorthin führt.

Kerstin Hack

—*Kerstin Hack*

PS. Wer das Projekt »Mein Leben wird aufgeräumt« nicht allein angehen will, den begleite ich gern als Coach (s. S. 38).

Tipps zur Anwendung

■ Dieses Quadro ist in 28 Kapitel aufgeteilt. Du kannst vier Wochen lang täglich einen Abschnitt lesen und umsetzen.

■ Jedes Kapitel ist in sich abgeschlossen. Du kannst dir gern zuerst die Wochen oder einzelnen Kapitel durchlesen, die dich am meisten interessieren.

■ Durchlesen allein reicht nicht, um etwas zu verändern. Deshalb empfehle ich dir: Nimm dir für jeden Tag tatsächlich nur einen Abschnitt vor und arbeite ihn intensiv durch. Wenn nötig auch zwei- oder dreimal.

■ Am Ende jedes Abschnittes findest du Fragen. Nimm dir Zeit, darüber nachzudenken und sie detailliert zu beantworten. Was schriftlich ist, wird konkret. Deshalb empfehle ich, die Antworten aufzuschreiben und zu notieren, wie du die Impulse umsetzen möchtest.

■ Du kannst für die Notizen ein herkömmliches Notizbuch nutzen oder *Mein Quadro*, ein spezielles Notizheft zur Quadro-Serie.

■ Setze die Handlungsimpulse zeitnah um. Was du gleich tust, prägt sich tiefer ein als Dinge, die du nur liest. Wiederhole die Handlungen so oft wie nötig – bis sie in Fleisch und Blut übergegangen sind.

■ Wer passiv konsumiert, bleibt passiv. Frage dich nach jedem Lesen: Wenn ich jemandem erzählen würde, was der wichtigste Impuls für mich war – was würde ich ihm oder ihr sagen?

■ Rede mit PartnerIn, Kollegen und Freunden darüber – dadurch verankert sich das Gelesene besser und wirkt nachhaltiger. Ihr könnt euch auch bei der Umsetzung unterstützen.

■ Bleibe gelassen, wenn sich eine neue Handlungsweise nicht gleich festigt. Erlaube dir, in deinem eigenen Tempo zu lernen.

■ Mach dir eine Liste der Handlungen (nicht mehr als 2 bis 5), die dir besonders wichtig sind. Konzentriere dich darauf. Nimm die Liste mehrmals im Jahr zur Hand, um zu sehen, was du dazugelernt und wie du dich entwickelt hast.

Woche 1
Ordnung und Struktur

Das Leben, so wie wir es kennen, besteht aus physikalischen Körpern (besser aus Prozessen und Strukturen), die Probleme lösen.

—Joseph Ratzinger

Struktur dient dem Leben

■ Jede Struktur in der Natur dient dem Leben. Das Skelett trägt den Körper. Der innere Aufbau von Zellen verleiht ihnen Stabilität. Ohne Struktur würden sie zusammenbrechen und wären nicht mehr funktions- und lebensfähig.

Zugleich ermöglicht die Struktur in der Natur Beweglichkeit. Selbst Knochen sind nicht starr und tot, sondern bis zu einem gewissen Grad beweglich und voller Blutgefäße, Zellen und Leben.

Die Strukturen in der Natur sind so geschaffen, dass sie zugleich Halt geben und Beweglichkeit ermöglichen. Das kann man an einem Grashalm ebenso erkennen wie an einer Muskelfaser.

Auch von Menschen geschaffene Strukturen haben diese Kennzeichen. Selbst Gebäude, die groß und starr erscheinen, sind strukturell beweglich und können bis zu einem gewissen Grad auf die Kräfte der Natur reagieren. Starke Bewegungen – etwa Erdbeben – überfordern manche Strukturen. Es kommt zum Einsturz.

Unter Ordnung verstehe ich, dass die Dinge an dem Platz sind, an den sie gehören. Ordnungen entlasten – wenn alle Lebewesen und Dinge ihren angemessenen Platz haben. Ein Fisch am Festland ist nicht in seiner Ordnung. Das tut ihm nicht gut.

Beides – die grundsätzlichen Strukturen und die einzelnen Zuordnungen – dienen dem Leben. Das ist ihre Aufgabe. Das gilt in der Natur ebenso wie in den Ordnungen und Strukturen, die wir für Dinge, Projekte und unsere Zeit schaffen.

■ **Denk mal**

Wie hast du bisher über Ordnung und Struktur gedacht? Welche Gedanken sind neu für dich?

■ **Mach mal**

Gehe in die Natur (oder zu einem Blumentopf) und betrachte die Struktur. Achte auf Details und Zuordnungen.

Strukturen mit Sinn

Der Plan, den man nicht ändern kann, ist schlecht.

—*Publius Syrus*

■ Strukturen haben – wenn sie erst einmal etabliert sind – eine gewisse Langlebigkeit. Das ist gut, wenn es hilfreiche, Leben spendende Ordnungen sind. Es bedeutet, dass man die Dinge nicht stets neu durchdenken und ordnen muss. Es ist jedoch belastend, wenn Ordnungen kein Leben spenden.

Als Verlegerin verpflichtet mich beispielsweise der deutsche Staat dazu, von jedem Titel zwei Exemplare an die Deutsche Nationalbibliothek zu liefern. Dort werden sie in ein großes Archiv gepackt und vermutlich nie wieder hervorgeholt. Ich bezweifle, dass meine Quadros in einem dunklen Keller dem Leben dienen.

Aus meiner Sicht wäre eine Anlieferung von digitalen Daten weitaus sinnvoller. Aber hier hat sich eine Struktur etabliert und wird beibehalten, ohne zu hinterfragen, ob sie noch ihren Sinn erfüllt.

In Firmen wird in der Regel – mit mehr oder weniger Erfolg – umstrukturiert, wenn man feststellt, dass ein Ablauf oder eine Hierarchie nicht so hilfreich ist wie erhofft. Im beruflichen wie im privaten Leben ist es gut, Strukturen und Abläufe gelegentlich zu hinterfragen. So habe ich beispielsweise den – in meiner Herkunftsfamilie üblichen – Samstagsputz aufgegeben.

Ich habe entdeckt, dass kleinere Putzeinheiten jeden Tag besser zu meinem Leben passen. Nicht zuletzt, weil ich am Wochenende oft unterwegs bin.

Auch Ordnungen – etwa, wo Dinge platziert werden – verlieren manchmal ihren Sinn und können erneuert werden.

■ **Denk mal**

Welche Struktur in deinem privaten und beruflichen Leben ist vielleicht nicht (mehr) Leben spendend?

■ **Mach mal**

Denke darüber nach, welchen Sinn diese Struktur ursprüngliche hatte, und entwickle drei Ideen, wie sie sinnvoll verändert werden könnte.

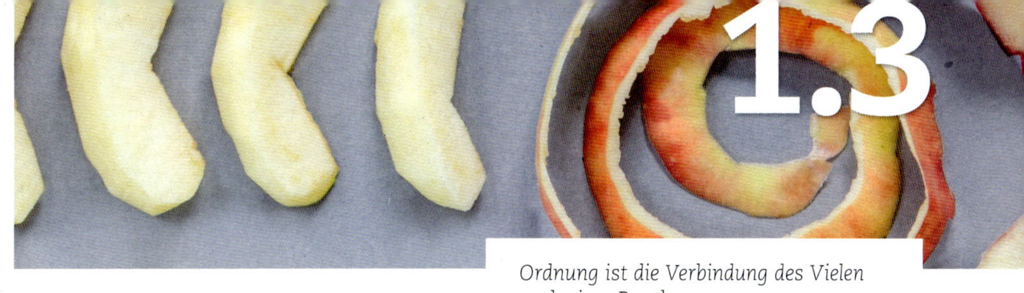

Struktur wofür?

Ordnung ist die Verbindung des Vielen nach einer Regel.

—Immanuel Kant

■ Wer eine gute Struktur in sein Leben bringen will, tut gut daran, sich zu fragen: Was macht mein Leben aus? Oder auch: Welche Rollen fülle ich aus? Das kann zum Beispiel umfassen: Partner, Kind meiner Eltern, Angestellte, (Freizeit)-Sportler, Bewohner einer Wohnung oder eines Hauses, Mitarbeiter im Ehrenamt usw.

Jeder Lebensbereich braucht seine eigene Struktur. Die ist in manchen Fällen häufig von außen vorgegeben, etwa durch Arbeitszeiten oder die regelmäßigen Termine, zu denen sich beispielsweise der Chor trifft.

Gibt es von außen keine Struktur, steht man vor der Aufgabe, sie selbst zu schaffen. Hat man beispielsweise die Rolle, Vater von Schulkindern zu sein, kann man überlegen:

- Welche Aspekte beinhaltet diese Rolle?
- Was ist mir wichtig?
- Wie will ich hier Leben fördern?

Dann kann man eine lebensfördernde Struktur schaffen, beispielsweise samstags zusammen Sport treiben.

Herausfordernd wird es häufig dann, wenn die verschiedenen Lebensbereiche Anforderungen stellen, die sich gegenseitig ausschließen. Da kollidiert ein wichtiges Ehrenamtstreffen mit einem ebenso wichtigen beruflichen Termin.

Statt immer von Fall zu Fall zu entscheiden, kann man grundsätzlich überlegen, nach welchen Prinzipien man entscheidet. Z. B. einmalige Termine der Kinder, wie Schulaufführungen, haben Vorrang vor beruflichen Verpflichtungen, regelmäßige Termine nicht.

■ **Denk mal**

Welche Rollen füllst du aus? Wo erlebst du Konflikte zwischen den verschiedenen Rollen?

■ **Mach mal**

Überlege dir für ein Konfliktfeld sinnvolle Prioritäten.

1.4 Form folgt Funktion

Ziele sind Magneten: Sie ziehen den Erfolg an.

—Autor unbekannt

Im Design gilt die berühmte Regel, dass die Form, die etwas hat, der Funktion folgen muss. Egal, ob es sich um ein Design für ein Essbesteck oder die Grundkonzeption einer Konferenz handelt.

Das bedeutet, dass man sich zuerst überlegt, welche Ziele man mit einer Aufgabe oder Anordnung verfolgt. Und dann erst entscheidet, wie genau man Abläufe oder Gegenstände ordnet. In Bezug auf Struktur im Leben bedeutet das, dass man die Dinge und Aufgaben so gestaltet, wie es für einen selbst Sinn ergibt, nicht wie »man« das tut.

Freunde von mir haben ihre Kaffeestation – mit vier professionellen Geräten – im Wohnzimmer stehen, weil sie dort am häufigsten Kaffee genießen.

Ich bewahre beispielsweise meine Lieblingskleidung der jeweiligen Jahreszeit im Badezimmer auf – weil ich mich in der Regel dort anziehe. Im Schlafzimmer befindet sich nur die Kleidung, die ich seltener nutze.

Egal, ob du die Dinge in deinem Umfeld oder deine Aktivitäten oder sogar dein Gehirn ordnest – du kannst dir immer zwei Fragen stellen:

- Was ist Zweck und Ziel?
- Welche Handlungen führen zum Ziel?

Wenn du Probleme lösen willst, dann überlege, wie das am besten geht. Grübeln hilft selten. Oder wenn dein Ziel effizientes Arbeiten ist, du aber die wichtigsten Dinge nicht griffbereit hast oder ständig etwas suchen musst, dann könntest du deinen Arbeitsplatz umgestalten.

Denk mal

Wo empfindest du, dass die bisher gewählte Form nicht wirklich zum Ziel passt, das du hast?

Mach mal

Beobachte einen Tag lang deine Routinehandlungen z. B. im Büro, im Bad, in der Küche. Notiere, was dir dabei auffällt.

Zeit strukturieren

Nur ein mittelmäßiger Mensch ist immer in Hochform.

—Somerset Maugham

■ Die Welt hat ihren Rhythmus: Es gibt Tag und Nacht, Monate und Jahre, welche unserem Leben Struktur geben. Die Jahreszeiten wechseln sich ab. Auch die Phasen des menschlichen Lebens werden beschreibend geordnet: Kindheit und Jugend, Erwachsenenalter, Ruhestand.

Jeder Körper hat einen ganz eigenen Rhythmus von Herzschlag und Atmung und von unterschiedlich energiereichen Phasen. Es lebt sich leichter, wenn man ihrem Rhythmus folgt.

In einem typischen Tagesverlauf hat man zwei Hochphasen: je einmal am mittleren Vormittag – ein bis drei Stunden nach dem Aufstehen – und am späteren Nachmittag. In der Zeit dazwischen erlebt man etwa alle 90 Minuten ein Leistungstief.

Es empfiehlt sich, wichtige Aufgaben, die die meiste Konzentration und Kraft erfordern, auf die energiereichsten Zeiten des Tages zu legen. Und die schwächeren Phasen für Routinesachen und Tätigkeiten zu nutzen, die weniger Konzentration erfordern. Wenn irgend möglich, ist es sinnvoll, zu den Zeiten, in denen man sich am Tiefpunkt befindet, tatsächlich eine Pause zu machen: Frische Luft schnappen oder etwas trinken oder, falls das möglich ist, sogar den klassischen Mittagschlaf oder ein Nickerchen nach Arbeitsende.

Wer die Tiefphasen als Pausen nutzt und nicht mit virtuellen oder chemischen Aufputschmitteln zudeckt, schenkt seinem Körper viel neue Energie – die er dann in der nächsten kraftvollen Phase gut nutzen kann.

■ **Denk mal**

Zu welchen Tageszeiten bist du in Höchstform?

■ **Mach mal**

Versuche, eine Woche lang die wichtigsten Arbeiten auf deine besten Zeiten zu legen. Notiere, welchen Unterschied das für dich macht.

Den Anfang finden

Vom Anfang bis zum Ende werden wir aufgefordert, mutige Entscheidungen zu treffen, während uns die Angst im Griff hat.

—Konrad Adenauer

■ Manche Menschen finden nicht leicht in Aufgaben hinein, weil sie sich nicht klar sind, wo sie beginnen können. Oder weil sie Angst haben. Oder eine Tätigkeit nicht lieben. Ich erliege ab und zu der Versuchung, etwas anderes zu tun als das, was ich mir vorgenommen habe.

Häufig hilft es mir, mir dann eine oder alle der folgenden Fragen zu stellen:

- *Was ist das Ziel?* Hier lohnt es sich, sich das Endergebnis genau vorzustellen.
- *Mit welchem kleinen Schritt kann ich beginnen?* Das kann sein, eine Datei zu öffnen oder Putzzeug oder Steuerunterlagen zu holen.
- *Wovor habe ich Angst?* Und was kann mir helfen? Wenn ich Angst habe, zu versagen, kann ich mich an bisherige Erfolge erinnern oder mir Unterstützung holen.
- *Was liebe ich nicht?* Wie könnte ich die Aufgabe für mich angenehmer machen? Ich höre beispielsweise Arien beim Putzen, eine Bekannte macht die ungeliebte Finanzplanung im Spa!

Ist der Anfang erst einmal geschafft, kommt man meist gut Schritt für Schritt weiter. Es kann jedoch entlastend sein, auch gleich die nächsten Schritte der Aufgabe zu definieren.

Manchmal, wenn der Anfang extrem schwerfällt, hilft etwas Bewegung. Man kann auch kurz etwas anderes zu tun. Und dann zur Aufgabe zurückzukehren. Von Kant sagt man, dass er mehrere Stehpulte besaß. Fiel ihm zu einem Text nichts mehr ein, ging er zu einem anderen, bevor er zum ursprünglichen Text zurückkehrte.

■ **Denk mal**

Was macht es dir leichter, mit einer Aufgabe zu beginnen?

■ **Mach mal**

Notiere dir, welche Aufgaben du in nächster Zeit beginnen willst. Stelle dir die drei Fragen und schreibe die Antworten dazu auf.

Nimm dir Zeit zum Überlegen und Beratschlagen. Wenn du aber dann weißt, was du willst, dann bringe dein Vorhaben schnell zum Abschluss.
—Ägyptische Weisheit

Anfang bis Ende

■ Während die einen sich mit dem Anfangen schwertun, ist es für andere schwierig, Dinge abzuschließen. Es kann eine Versuchung sein, bei einer Aufgabe nur den bequemen Teil zu erledigen – etwa eine E-Mail nur zu lesen, statt zu beantworten. Oder ein Dokument nur auf die Seite zu legen, statt es in die Ablage zu tun. Es gibt vieles – von Social Media bis zu anderen Aufgaben –, das reizvoller erscheint, als die Kraft aufzuwenden, etwas zum Abschluss zu bringen.

Doch noch mehr Kraft kostet es, wenn Dutzende halb erledigte Dinge herumliegen. Oder als unerledigte Aufgaben das Denken belasten und der Berg des Halbfertigen immer größer wird.

Es tut dem Gehirn und der Seele gut, wenn man bei einer Aufgabe bleibt, sie abschließt und sich anschließend einen Moment Zeit nimmt, um sich selbst dafür zu loben, dass die Aufgabe fertig ist. Das gilt für große Aufgaben, aber auch für kleine – wie etwa eine Mail zu beantworten oder die Küche nach dem Essen aufzuräumen.

Manche Menschen tun sich auch schwer damit, Dinge abzuschließen, weil sie alles perfekt machen wollen. Sie bezeichnen sich dann auch als Perfektionisten. Doch Perfektion geht vom Absoluten aus – man denkt, man hat absolut viel Zeit und Ressourcen. Das ist eine Illusion, die zu Stress und Überlastung führt.

Wenn man oft in die Perfektionismusfalle tappt, kann es nötig sein, sich zu fragen: Wie viel Zeit will ich der Aufgabe geben, um sie in dem vorhandenen Rahmen bestmöglich zu erledigen?

■ **Denk mal**

Bei welchen Tätigkeiten neigst du dazu, sie nicht vollständig fertigzustellen?

■ **Mach mal**

Übe dich mehrere Tage bewusst darin, die Tätigkeiten, die du tust, komplett zu erledigen.

Woche 2
Die Dinge ordnen

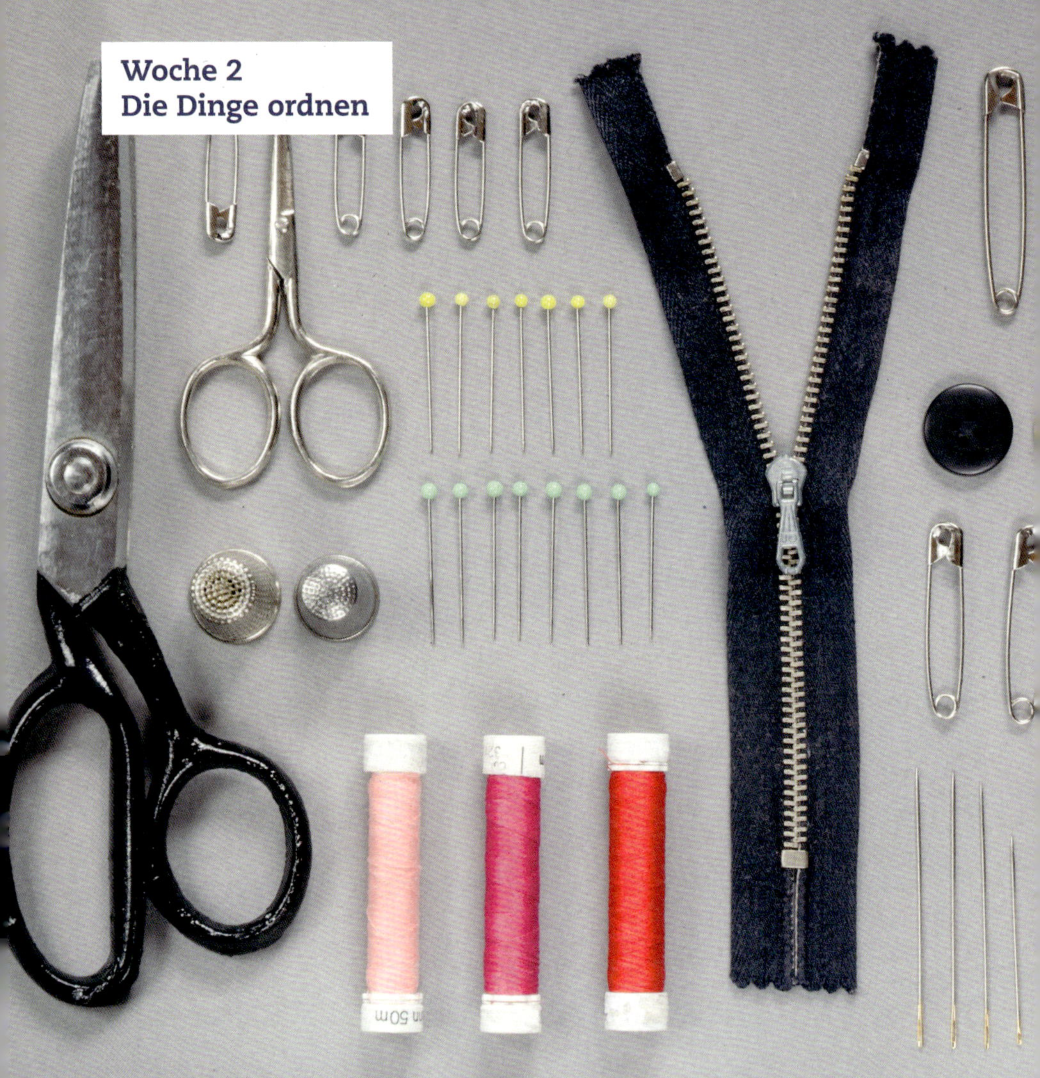

2.1

Reduzieren

Weniger ist mehr.

—Sprichwort

Im Sommer 2016 zog ich – nach zwanzig Jahren in derselben Wohnung und über vier Jahren Bauzeit – auf ein Hausboot mit wenig Stauraum. In den Monaten nach dem Umzug habe ich mehr als 300 Dinge verschenkt, verbraucht oder entsorgt. Die Kisten, für die es keinen Platz gab, haben mich dazu »gezwungen«. Und es tut gut.

Auch wenn kein Umzug ansteht, ist Reduktion entlastend. Wer weniger Besitz hat, braucht weniger aufzuräumen und zu putzen. Er braucht weniger Stauraum sowie Aufbewahrungsmöbel und hat einen besseren Überblick.

Die Aufräumexpertin Marie Kondo empfiehlt, beim Ausmisten nicht nach Zimmern, sondern nach Kategorien vorzugehen. Also man sortiert z.B. alle Schuhe, Bücher, Werkzeug, Stifte …

Wenn die Zeit für eine große Aufräumaktion fehlt, kann man einfach eine Kategorie bearbeiten. So durchforstet man zum Beispiel an einem Tag alle Socken, am nächsten das Geschirr, die Töpfe oder die Zeitschriften.

Die Dinge, die übrig bleiben, kannst du schön und übersichtlich ordnen. Und dann das Gefühl genießen, in diesem einen Bereich mehr Klarheit zu haben und nur noch das zu besitzen, was du magst, nutzt und was deinem Leben dient.

Das freudige Betrachten des Ergebnisses und auch das Lob für dich selbst sind wichtig. Die Seele erkennt so: Es tut mir gut, was ich hier tue. Und du bist motiviert, Zeit für das nächste Projekt auf deiner Liste einzuplanen und es anzupacken.

Denk mal

Bei welchen Dingen würdest du am schnellsten einen Erfolg sehen, wenn du reduzierst?

Mach mal

Sortiere eine Kategorie Dinge aus. Egal, wie klein oder groß. Wenn du fertig bist, genieße dein Werk. Lobe dich. Und plane die nächste Aktion.

Zu viele und zu unsystematisch angehäufte Dinge sind ein Frontalangriff auf Ihren Körper und Ihre Seele.
—Werner Tiki Küstenmacher

Ungeliebte Dinge

■ Eines meiner Ordnungsprinzipien lautet, dass ich nur Dinge in meinem Leben haben will, die ich nutze oder liebe. Soweit die Theorie.

In der Praxis sammeln sich in jedem Haushalt Dinge an, die man nicht nutzt – egal, ob Sportgeräte oder Kochutensilien oder Kleidung. Bei mir sind das z. B. Socken und Taschen, die nicht (mehr) meinem Stil entsprechen. Und Gewürzmischungen, die ich nie nutze.

Manchen Menschen fällt es schwer, sich von diesen Dingen zu trennen, weil sie sich oft noch in einem neuwertigen Zustand befinden. Oder weil man sie von jemandem geschenkt bekommen hat.

Hier hilft nur radikales Hinterfragen:

- Nutze ich dieses Ding?
- Trage ich dieses Kleidungsstück?
- Liebe ich diesen Gegenstand?

Wenn die Antwort »nein« lautet, dann ist es sinnvoll und befreiend, sich davon zu trennen, indem man die Dinge wegwirft, verschenkt oder verbraucht.

Man kann es sich leichter machen, indem man zum Beispiel alle ungeliebten Lebensmittel, mit denen man nie kocht, auf die Arbeitsfläche der Küche stellt und gezielt verbraucht.

Ungeliebte Socken, Wäsche, T-Shirts oder andere Gegenstände kann man, wenn Wegwerfen schwerfällt, entweder eine Zeit lang so oft tragen oder nutzen, bis sie tatsächlich verbraucht sind. Oder auf Reisen mitnehmen und ihnen die Rückreise verbieten. Oder – ganz klassisch – zu Putzlappen umfunktionieren.

■ **Denk mal**

Welche fünf Ideen hast du, um ungeliebte Gegenstände aus deinem Leben zu entfernen?

■ **Mach mal**

Sammle alle ungenutzten oder ungeliebten Dinge und Kleidungsstücke. Entscheide, was du damit tun willst.

Wertvolle Dinge

*Die Dinge sind nie so, wie sie sind.
Sie sind immer das, was man aus ihnen macht.*

—Elizabeth Barrat Browning

■ In jedem Haushalt gibt es Dinge, die man selten oder nie braucht. Das kann Ungeliebtes sein (siehe 2.2). Häufig sind es aber auch Dinge, die man zu sehr liebt oder für zu kostbar hält, um sie zu nutzen: Schmuck, Erbstücke usw.

Bei mir war das eine Sektflasche, die ich seit der Hochzeit einer Freundin vor mehr als 20 Jahren für die berühmte besondere Gelegenheit aufgespart hatte. Und jede Menge wunderschöne Notizbücher. Bei anderen können es Werkzeuge, Sportgeräte, Kleidung, Bücher, edle Kosmetik oder Blumenvasen sein, die sie nie nutzen.

Auch die zu sehr geliebten Dinge können die Schränke verstopfen und dadurch Leben belasten. Bei Lebensmitteln ist das relativ leicht: Man kann einen Tag zum besonderen Tag erklären, an dem man Kaviar, Sekt etc. tatsächlich genießt. Man kann das richtig zum Fest machen. Oder einen besonderen Anlass bestimmen, zu dem man die Dinge dann festlich verspeist – am besten mit lieben Menschen.

Bei anderen Gegenständen, die kostbar sind, kann man sich einen Ruck geben und sich erlauben, das edle Silber und wertvolle Geschirr wenigstens ab und an zu nutzen und zu genießen.

Oder man kann sich fragen, ob man sie tatsächlich liebt – selbst wenn es sich um Erbstücke und materiell wertvolle Dinge handelt. Lösen sie keine innere Freude aus, dann kann man mutig überlegen, ob man sie nicht doch durch etwas ersetzen möchte, was tatsächlich Freude schenkt.

■ **Denk mal**

Welche Dinge hast du geerbt oder aus »alten Zeiten« aufbewahrt? Liebst du sie (noch)?

■ **Mach mal**

Benutze oder verschenke in den nächsten Tagen etwas, das du bisher für eine besondere Gelegenheit aufbewahrt hast.

Jedes Ding hat seinen Platz

Jedes Ding hat seinen Platz.
—Aufräumregel

■ Wenn Dinge herumliegen, kann es sein, dass man einfach noch nicht die Zeit gefunden hat, sie an ihren Platz zurückzubringen. Das ist der Fall, wenn nach dem Einkauf die Tüten noch im Flur stehen, weil die Zeit oder die Energie fehlt, sie an ihren Platz zu räumen.

Es kann aber auch vorkommen, dass Dinge herumstehen, weil sie noch gar keinen festen Platz haben – eigentlich weiß man nicht, wo man den geschenkten Blumentopf hintun soll. Oder im Bücherregal kein Platz mehr für neue Bücher ist. Oder in der Garderobe kein Platz mehr für ein weiteres Kleidungsstück. Also bleiben die Dinge irgendwo stehen oder liegen.

Unordnung entsteht oft dann, wenn nie klar entschieden wurde, wohin die einzelnen Dinge gehören. In meinem Schiff ist beispielsweise der Werkzeugkeller noch nicht geordnet. Es fehlte die Zeit, maßgefertigte Regale zu bauen. Derzeit liegt alles auf oder unter der Ablagefläche. Das Suchen kostet Energie.

Zur Abhilfe kann man sortieren und überlegen: Was kann ich entsorgen oder woandershin tun, um Platz zu schaffen, damit des Herumliegende an den richtigen Ort kommt? Oder – wenn noch nicht klar ist, wohin etwas gehört: Welchen Platz will ich dem Gegenstand geben?

Denken, also richtig zu überlegen, kostet Energie. Wenn man aber erst einmal entschieden hat, dass alle Vasen, Zeitschriften, Kissenbezüge etc. an einen bestimmten Ort kommen, schafft das räumlich und innerlich Entlastung.

■ **Denk mal**

Was liegt bei dir herum? Was ist der Grund – fehlende Zeit, fehlender Platz, fehlende Entscheidung, wo es hin soll?

■ **Mach mal**

Gehe durch deine Wohnung oder deinen Arbeitsplatz und finde für fünf Dinge, die bisher herumliegen, den richtigen Platz.

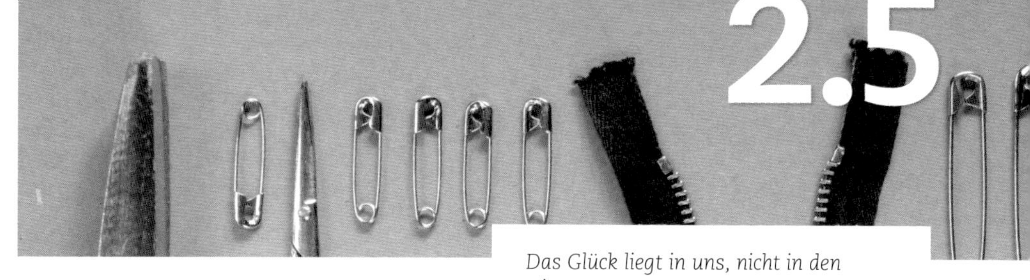

Vorratshaltung

Das Glück liegt in uns, nicht in den Dingen.
—François de La Rochefoucauld

■ Für die nahe oder ferne Zukunft vorzusorgen, kann Ruhe und Entlastung bringen. Wer von Dingen, die für den Alltag wichtig sind, Großpackungen kauft oder stets Ersatz vorrätig hat, lebt entspannter. Er kommt nicht so leicht in stressige Situationen, wie etwa dann, wenn kein Druckerpapier, Kaffee oder – noch tragischer – Toilettenpapier mehr da ist.

Wer geordnete Vorräte hat, braucht nicht wegen einzelner Artikel einzukaufen. Er weiß: Vom Nötigsten ist wenigstens eine Reserve vorhanden.

Es kann aber belasten, wenn man Dinge hortet, weil man sie vielleicht einmal gebrauchen könnte, ohne genau zu wissen, wann und wofür.

Hier ist es wichtig, Klarheit zu finden:

- Wofür könnte ich das Vorhandene nutzen?
- Wie wahrscheinlich tritt diese Situation ein? Ist es sehr unwahrscheinlich, dass man etwas wieder braucht – weg damit!
- Wovon will ich Vorräte anlegen?
- Welche Zeitspannen sind angemessen?

Ich habe von oft genutzten Nahrungsmitteln und Dingen des täglichen Bedarfs mindestens je eine Ersatzpackung vorrätig und kaufe von Verbrauchsmaterial einen Vorrat für sechs Monate.

Zu viel Vorrat ist auch belastend. Bei Verbrauchsartikeln wie Geschirrtüchern, Briefpapier, Putzzeug habe ich die Obergrenze für Vorräte bei maximal zwei Jahren angelegt. Ich will nicht mehr Briefumschläge, Stifte, Schrauben und Putzzeug horten, als ich in zwei Jahren wahrscheinlich verbrauchen werde (siehe auch 4.6).

■ **Denk mal**

Welche Vorräte willst du haben? Wo und wie willst du sie ordnen?

■ **Mach mal**

Trenne dich von fünf Dingen, die du wahrscheinlich nie wieder benutzen wirst oder die du im Notfall leicht wieder besorgen oder leihen kannst.

Besitz definieren

Der Mensch ist umso reicher, je mehr Dinge er lassen kann.
—Henry David Thoreau

■ Nachdem ich umgezogen war und sich plötzlich alle Socken an einem Ort befanden, die ich in der alten Wohnung an verschiedenen Orten aufbewahrt hatte, stellte ich fest, dass ich 35 Paar besaß. Das war eindeutig zu viel.

Viele Menschen denken nie darüber nach, wie viel von etwas sie tatsächlich brauchen: Töpfe, Hosen, Schrauben, Tassen, Tücher, Bücher, Blumentöpfe usw.

Hast du den Eindruck, du lagerst zu viel des Guten, dann kannst du überlegen:

- Was ist ein guter Nutzungszeitrahmen? Der ist bei Tassen (bis wieder gespült wird) natürlich anders als bei Socken (bis gewaschen wird) oder Bettwäsche.
- Wie viel Stück brauche ich, um in dem Zeitrahmen gut abgedeckt zu sein?

Ich als Single wasche mindestens einmal wöchentlich Wäsche – manchmal hell, manchmal dunkel.

Das heißt, ich brauche 14 Paar Socken plus einen Puffer, um auf der sicheren Seite zu sein. Das genügt.

Natürlich darf man auch besondere Situationen – etwa Feiern und Feste – mitbedenken. Doch auch hier lohnt es sich, zu überlegen: Wie viele Gäste lade ich maximal ein? Und: Von wem könnte ich mir notfalls etwas ausleihen?

Beim Neukauf von Gegenständen ist es sinnvoll, Dinge zu besorgen, die für mehrere Nutzungen geeignet sind, z. B. zum Backen und für Salat. Oder Kleidungsstücke, die man wenden kann. So gewinnt man mehr Nutzungsmöglichkeiten.

■ **Denk mal**

Wovon hast du vermutlich zu viel? Also mehr, als du in einem sinnvollen Zeitraum nutzen kannst?

■ **Mach mal**

Durchdenke einen Bereich, in dem du viel hast, mithilfe der Fragen. Gib weg oder verkaufe, was du im gewählten Zeitrahmen nicht nutzen wirst.

> *Warum verbringen wir so viel Zeit damit, uns auf den Zeitpunkt vorzubereiten, zu dem wir tun können, was wir möchten, statt es sofort zu tun?*
>
> *—Han Suyin*

Das Leben schlank halten

■ *Ordnung halten:* Eine Wohnung oder ein Arbeitsplatz verwandelt sich selten eigenständig von Chaos in Ordnung. Chaos entsteht wie von selbst, Ordnung muss geschaffen werden. Manchmal kann es dann richtig anstrengend sein, alles wieder aufzuräumen.

Ideal ist es, wenn man es gar nicht so weit kommen lässt. Eine der besten Aufräumregeln, die ich kenne, ist die Dreißig-Sekunden-Regel. Sie gibt vor, alles, was man in weniger als 30 Sekunden erledigen kann, gleich zu tun. Man klappt ein Buch zu – und kann es in 30 Sekunden wieder in den Schrank stellen. Man sieht etwas herumliegen – und räumt es sofort weg.

Besitz schlank halten: Wenn alles zu viel wird, packt manche Menschen dann das Ausmistfieber. Sie verpassen dem Besitz eine Radikalkur: Alle Schränke werden durchforstet und vieles kommt weg. Oft mehrere Dutzend Tüten voller Dinge – falls man tatsächlich die Kraft hat, bis zum Ende durchzuhalten. Eine solche Gewaltkur kann Spaß machen, aber auch sehr anstrengend sein. Besitz bleibt schlank, wenn man sich an die 3:1-Regel hält. Immer wenn man eine Sache neu besorgt oder geschenkt bekommt, entsorgt man drei gleichartige Dinge.

Mehr als 1:1 deshalb, weil wir so schrittweise verschlanken. Die 3:1-Regel ist nicht nur in Bezug auf persönlichen Besitz, sondern auch in Bezug auf Unterlagen etc. hilfreich – so behält man nur das aktuell Wichtige in den Ordnern.

■ **Denk mal**

Was würde sich ändern, wenn es dir gelänge, dein Leben ordentlich und schlank zu halten?

■ **Mach mal**

Praktiziere eine oder beide Regeln in der nächsten Zeit aktiv. Bitte Freunde, dich daran zu erinnern, oder mache dir selbst Erinnerungshilfen.

Woche 3
Geordnete Abläufe

Ein langes Leben regelmäßiger, guter geistlicher Arbeit wird doppelt so viel Freude bringen wie ein Leben, das durch verrückte und große Anstrengungen verkürzt und zerstört wurde.
—Catherine Booth

Geordnete Aktivitäten

■ Immer wieder neu zu überlegen, wie man etwas machen will – egal, ob kochen, einkaufen usw. –, belastet das Gehirn. Mehr dazu in Woche 4. Man hat mehr Kraft fürs Leben, wenn man sich für wiederkehrende Dinge sinnvolle Strukturen und Abläufe überlegt. Die frei gewordene Zeit und Energie kann man für schönere Dinge verwenden.

Ich verteile regelmäßige Aufgaben gern auf die einzelnen Wochentage: montags Wäsche waschen, dienstags Rechnungen bezahlen, mittwochs Besorgungen, samstags Wochenplan erstellen usw. Dieses Vorgehen hat den Vorteil, dass die Dinge regelmäßig erledigt werden und ich mir an den anderen Tagen keine Gedanken darüber zu machen brauche.

Neben dem Aufteilen auf Wochen können auch andere Zeiteinheiten sinnvoll sein, etwa Abläufe für Aufgaben, die man einmal im Monat, Quartal oder Jahr erledigt. Von Tisch decken über Reifenwechsel bis Urlaubsplanung. Hier kann man sich durch Kalender oder elektronische Hilfen an bestimmte Termine erinnern lassen. Ich bekomme z. B. zu Quartalsbeginn von mir selbst eine E-Mail: »Matratze umdrehen!« Ohne die Erinnerung würde ich schlichtweg versäumen, das gute Stück ab und an zu drehen.

Wichtig bei Erinnerungen: Genügend Zeit zum Vorbereiten einplanen – etwa bei Geburtstagen und anderen Events sowie bei Aufgaben, die komplexer sind und mehr Planung erfordern.

■ **Denk mal**

Welche wiederkehrenden Aufgaben im Beruf und Privatleben hast du? Für welche wäre ein fester Zeitpunkt gut?

■ **Mach mal**

Fange an, einen Wochenplan mit festen Zeiten für bestimmte Aufgaben zu entwickeln. Probiere es aus. Und passe den Plan bei Bedarf an.

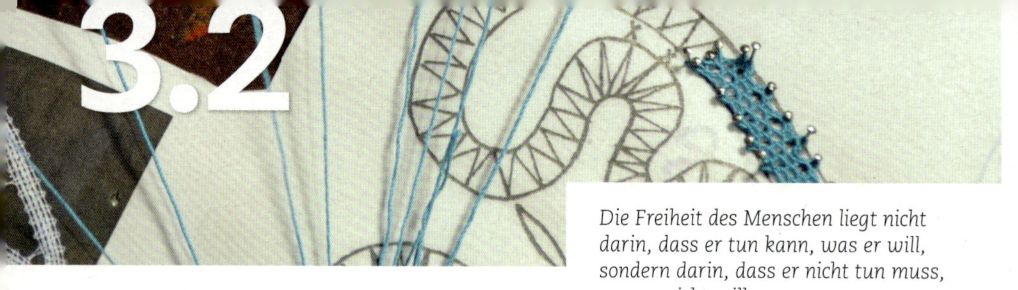

To-dos reduzieren

Die Freiheit des Menschen liegt nicht darin, dass er tun kann, was er will, sondern darin, dass er nicht tun muss, was er nicht will.
—Jean-Jaques Rousseau

■ Die meisten Menschen haben ellenlange To-do-Listen. Darauf finden sich Verpflichtungen, die ihnen aber längst keine Freude mehr machen. Oder auch viele Ideen, was man mal tun könnte oder sollte. Von Vorhänge nähen bis Werkzeug sortieren und im Flüchtlingsheim helfen bis Spanisch lernen. Doch die Ideen übersteigen die vorhandene Zeit.

Hier hilft es, erst einmal einen Überblick zu gewinnen: Zunächst sammelt man alle To-dos, die sich auf Listen oder – noch schlimmer – im Hinterkopf befinden. Wie beim Reduzieren von Dingen gibt es auch hier dann einiges zu überlegen:

- *Absagen:* Was will und werde ich nicht tun? Wovon verabschiede ich mich? Das kann im Beruf wie im Privaten Mut erfordern.
- *Abgeben:* Wer könnte eine Aufgabe freiwillig, im Tausch oder gegen Bezahlung, erledigen?
- *Anpassen:* Manche Aufgaben werden angenehmer, wenn man sie kombiniert, z.B. kochen oder Sport mit Podcasts.

Für Aufgaben, die man weder absagen noch abgeben oder anpassen kann, kann man zumindest planen, wann man sie erledigen will. Etwas, das nur auf einer To-do-Liste steht, bedrückt das Gehirn. Mental ist ein konkreter, realistischer Zeitpunkt entlastender.

Ich habe beispielsweise die offenen Sortieraufgaben im Haushalt in 20-minütige To-dos eingeteilt und erledige eine davon, wann immer ich nach Feierabend zu Hause bin. Und komme Schritt für Schritt voran.

■ **Denk mal**

Wo denkst du, du solltest etwas tun, obwohl es dir keine Freude macht und du wenig Sinn darin siehst?

■ **Mach mal**

Nimm dir deine To-do-Liste vor und reduziere sie auf ein Maß, das du bewältigen kannst und willst.

Geordnet arbeiten

Gäbe es die letzte Minute nicht, so würde niemals etwas fertig.

—Mark Twain

■ Man fängt erst mal irgendwie an. Egal, ob Familienmanager, Selbstständige oder Angestellter – viele Menschen stolpern planlos in ihren Arbeitstag. Das ist kein Problem, wenn man am Fließband steht, im Verkauf auf Kunden reagiert oder fest vorgegebene Abläufe hat.

Schwieriger wird es, wenn viele verschiedene Aufgaben es erfordern, gestaltet und strukturiert zu werden. Viele Angestellte lesen und beantworten am Morgen zuerst ihre E-Mails, bevor sie sich an andere Aufgaben machen. Es ist spannend und reizvoll, zu sehen, was an Anfragen kommt. Nur leider schluckt das viel Zeit und mentale Energie, die dann für die Aufgaben fehlt, die eigentlich wichtiger sind.

Die meisten Zeitexperten empfehlen, die ersten beiden Stunden eines Tages, wenn man noch frisch und energievoll ist, für die wichtigsten Aufgaben zu reservieren, die große Denkleistung und Konzentration erfordern. Bei mir ist das Schreiben und konzeptionelles Arbeiten.

Hier ist es wichtig, sich erst einmal darüber klar zu werden, was die wichtigsten Aufgaben sind. Ideal ist, am Ende eines Arbeitstages die ein bis maximal drei wichtigsten Aufgaben für den nächsten Tag zu definieren.

Erst wenn sie erledigt sind, kann man sich den leichteren und unwichtigeren Aufgaben zuwenden. Das hat auch den Vorteil, dass kleine Aufgaben sich oft unendlich ausdehnen, wenn man mit ihnen beginnt. Macht man sie später, geht es oft schneller.

■ **Denk mal**

Wie beginnst du bisher deinen Arbeitstag? Was möchtest du verbessern?

■ **Mach mal**

Probiere eine Woche lang aus, zu planen und die ersten 2-3 Stunden deinen wichtigsten Aufgaben zu widmen.

Aufgaben bündeln

Man sollte jede Unterlage nur einmal in die Hand nehmen.

—Aufräumregel

■ Als der Ton meines Handys kaputt war, verpasste ich viele Anrufe. Und rief die Anrufer dann einem nach dem anderen zurück. Dabei stellte ich fest, dass ich am Ende des Tages weit entspannter war als an Tagen, in denen ich immer mal wieder telefoniert hatte.

Das hat auch damit zu tun, dass das Gehirn Energie für das Umschalten von einer Aufgabe zur anderen braucht. Wer ähnliche Tätigkeiten hintereinander erledigt, schafft mehr als der, der zwischen verschiedenartigen Aktivitäten hin und her springt. Das hängt auch damit zusammen, dass man das benötigte Werkzeug – egal, ob Handy oder Gemüsemesser – bereits vor sich hat.

Bündeln ist sinnvoll für E-Mails – die im Schnitt alle fünf Minuten (!) gecheckt werden. Wer während anderer Aufgaben auf Mails antwortet, reagiert meist nur irgendwie. Die Qualität der Antworten wird tatsächlich besser, wenn man E-Mails nur zwei- bis dreimal pro Tag fokussiert eine nach der anderen beantwortet.

Multitasking ist jedoch dann gut und sinnvoll, wenn man monotone, körperliche Tätigkeiten mit etwas anderem verbindet. Das können Gespräche beim Gemüseschneiden oder Joggen sein. Oder Podcasts hören beim Bügeln oder telefonieren beim Aufräumen.

Doch auch hier ist Vorsicht geboten. Das Gehirn (siehe Woche 4) braucht Zeiten zum Träumen und Trödeln – wenn die fehlen, kommt es zu Stress und Überlastung. Die Konzentration auf nur eine Sache kann erholsam sein.

■ **Denk mal**

Welche Alltagsaktivitäten könntest du effizienter bündeln?

■ **Mach mal**

Probiere mal aus, deine E-Mails nur zu vorher festgelegten Zeiten zu lesen und nacheinander komplett zu beantworten.

Gute Gewohnheiten

*Der Anfang braucht Begeisterung,
ein gutes Ende Disziplin.*
—Uwe Seeler

■ Jeder Mensch hat Gewohnheiten, die ein Bedürfnis (z. B. schnell mit etwas voranzukommen) befriedigen, aber andere nicht erfüllen (z. B. Dinge geordnet zu halten).
Eine meiner schlechten Gewohnheiten ist, wenn ich mit einem Text nicht weiterkomme, »schnell mal« nach meinen Mails zu schauen. Hier will ich mir die gute Gewohnheit angewöhnen, wenn ich nicht weiterkomme, mich kurz zu besinnen, statt mich abzulenken.
Andere machen Dinge nur halb fertig und sind dann gestresst von den vielen nur halb erledigten Aufgaben und herumliegenden Sachen.
Hier kann man sich bessere Gewohnheiten antrainieren. Damit eine Gewohnheit sich verankert, sind drei Dinge nötig:

- *ein Auslöser*, z. B. »Immer wenn ich aufstehe und einen Platz verlasse …«
- *eine Handlung:* »… dann räume ich alles weg.«
- *eine Belohnung:* Innerlich zu lächeln und sich zu sagen: »Das hast du gut gemacht.«

Sich selbst innerlich zu belohnen, ist für manche Menschen eher fremd. Doch es ist wirkungsvoll. Auf Dauer wird man regelrecht süchtig nach der emotionalen Belohnung und die neue gute Gewohnheit verankert sich.
Man kann Gewohnheiten auch einen Namen geben, z. B. »Keine Spuren hinterlassen!« oder »Bei mir bleiben« für die Gewohnheiten, Dinge vollständig zu erledigen bzw. sich nicht abzulenken. Und ein inneres Bild für das gewünschte Verhalten entwickeln.

■ **Denk mal**

Welche schlechten Verhaltensweisen würdest du gern durch andere, besseres Gewohnheiten ersetzen?

■ **Mach mal**

Wähle eine neue, positive Gewohnheit aus und übe sie mithilfe der drei Schritte ein, bis sie automatisch erfolgt.

3.6

Einkaufen

Wenn Frauen deprimiert sind, essen sie oder sie gehen einkaufen. Wenn Männer deprimiert sind, starten sie eine Invasion in ein anderes Land.

—Christian Dior

■ Einkaufen kostet Zeit und Energie und ist oft ineffizient. Nach einer Studie finden 57 % aller Deutschen einkaufen nervig. Die meisten Menschen gehen dreimal oder häufiger pro Woche in den Supermarkt, brauchen pro Einkauf dreißig Minuten oder mehr und vergessen mindestens einen Artikel (57 %) oder kaufen zu viel ein (91 %). Das ist enorme Verschwendung von Geld und Zeit.

Neben Vorratshaltung helfen folgende Maßnahmen beim effizienteren und zeitsparenden Einkaufen:

- *Lieferservice:* Viele Artikel kann man sich liefern lassen – Verbrauchsmaterial und auch Lebensmittel.
- *Kochplan:* Wer vorher überlegt, was er essen will, kauft nicht unüberlegt ein.
- *Gleicher Einkaufsort:* Wer immer in den gleichen Läden einkauft, ist schneller als der, der sich ständig neu orientieren muss.
- *Einkaufslisten:* Eine gut strukturierte Einkaufsliste erhöht die Effizienz und reduziert die Gefahr spontaner Fehlkäufe.

David Allen, Autor von *Wie ich die Dinge geregelt kriege*, empfiehlt, dass man To-dos nach Orten sortiert, an denen man sie erledigen muss – etwa Büro, zu Hause, im Werkzeugkeller. Es bietet sich an, die Dinge in den Einkaufslisten nach den Läden zu sortieren, in denen man sie erhält.

Wer weiß, wie der bevorzugte Supermarkt strukturiert ist, kann seine Liste nach der Reihenfolge, in der er die Dinge dort findet, strukturieren und erspart sich unnötiges Hin- und Herlaufen.

■ **Denk mal**

Welche benötigten Dinge könntest du dir liefern lassen, statt selbst einkaufen zu gehen?

■ **Mach mal**

Erstelle einen Lageplan deines bevorzugten Einkaufsorts und ordne deine Einkaufsliste entsprechend.

3.7 Haushalt

Alles, was auf dem Boden liegt, hebt man auf. Alles, was feststeht, staubt man ab. Alles, was sich bewegt, füttert man.
—Südafrikanische Haushaltsregel

■ Im Haushalt lohnt sich eine Bestandsaufnahme: Welche Aktivitäten kosten viel Zeit und Mühe? Häufig lassen sich allein durch Überlegen einige Einsparpotenziale finden. Folgende Fragen helfen dabei:

- Wie kann ich oft Benötigtes griffbereit halten?
- Wie kann ich Aufgaben effizienter angehen? Wer etwa Flächen erst alle besprüht und dann alle trocknet, ist schneller als der, der wechselt.
- Was kann ich an jemanden delegieren? Das kann ein Freund, Familienmitglied, Nachbar oder ein professioneller Dienstleister sein.
- Welcher Tag ist am besten für welchen Job? Man kann Zeitpläne für Haushaltsaufgaben erstellen – etwa montags einkaufen, dienstags Flur putzen usw.
- Welche Aufgaben kann ich bündeln? Man kann mehrere ähnliche Dinge zusammen machen, z. B. Essen oder Kuchen herstellen und einfrieren, Geschenke für mehrere Menschen besorgen und verpacken.

Manche Menschen scheitern auch an ihrem Haushalt, weil sie alles perfekt machen wollen. Der Geschirrschrank kann etwa erst dann aufgeräumt werden, wenn man das passende Einlegepapier mit Bordüre dafür gefunden hat. Oder wenn geputzt wird, muss es perfekt sein. Und das kostet mehr Zeit, als man hat.
Hier hilft die 80:20-Regel: In 20 % der Zeit erledigt man 80 % der Aufgabe. Und 80 % gut geputzt ist allemal besser als gar nicht angefangen.

■ **Denk mal**

Welche Haushaltsaufgaben könntest du delegieren oder effizienter organisieren?

■ **Mach mal**

Falls du zum Perfektionismus neigst, dann putze mal bewusst in der halben Zeit, die du üblicherweise dafür verwendest. Genieße das Ergebnis.

Woche 4
Ein geordnetes Gehirn

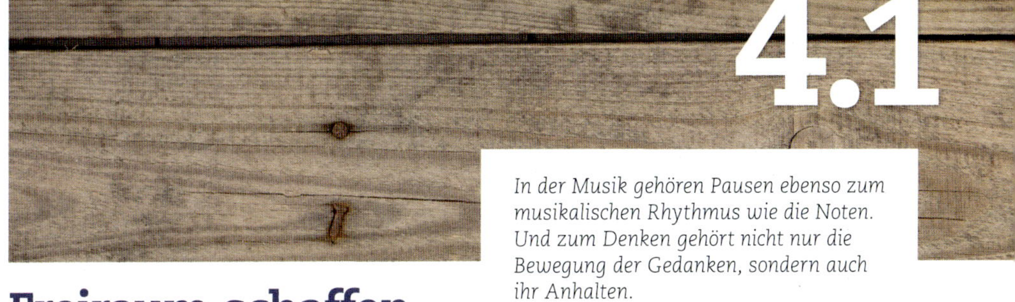

In der Musik gehören Pausen ebenso zum musikalischen Rhythmus wie die Noten. Und zum Denken gehört nicht nur die Bewegung der Gedanken, sondern auch ihr Anhalten.

—Wilhelm von Humboldt

Freiraum schaffen

■ Ein geordnetes und strukturiertes Leben fängt im Kopf an. Das Gehirn ist ein extrem leistungsfähiges Organ, das Informationen und Impulse von außen in großer Geschwindigkeit verarbeiten kann.
Doch auch das beste Gehirn kommt an seine Grenzen, wenn es auf zu viel reagieren muss. Etwa auf Klingeltöne, Werbebotschaften, E-Mails usw. Und wenn die Pausen und Freiräume fehlen, die nötig sind, um Infos zu verarbeiten.
Das Gehirn ist süchtig nach Neuem – deshalb schauen wir auch auf Werbetafeln, selbst wenn uns das Thema, z.B. Hundefutter, gar nicht interessiert.
Wenn das Gehirn keine Impulse von außen bekommt, fängt es an, die bereits vorhandenen Informationen zu sortieren, zu ordnen und sich Lösungen für Probleme auszudenken.
Die meisten Menschen nehmen beim Duschen keine neuen Infos auf – das Gehirn hat Zeit, über Sachen nachzudenken, und kommt dann oft auf die besten Ideen.

Pausen tun Gehirn und Seele gut:

- Alle 60-90 Minuten, wenn man merkt, dass man müde wird, eine Pause machen.
- Siesta: Gerne mittags ein Nickerchen.
- Pause für die Sinne: Möglichst für optisch und akustisch ruhige Räume sorgen.
- Unterbrechungen stoppen – nicht nur durch Kollegen, sondern auch durch Telefon und Internet.
- Zeit in der Natur: Täglich etwas draußen sein und nichts tun außer laufen, sehen und spüren.

■ **Denk mal**

Was wäre nötig, damit du deinem Gehirn und dir selbst mehr kreative und Kraft spendende Pausen schenkst?

■ **Mach mal**

Gönne dir, wenn möglich gleich jetzt, eine Pause. Gehe nach draußen oder ans Fenster und betrachte, was du siehst. Atme tief durch.

Tage gestalten

Gegenüber der Fähigkeit, die Arbeit eines einzigen Tages sinnvoll zu ordnen, ist alles andere im Leben ein Kinderspiel.
—Johann Wolfgang von Goethe

■ Menschen haben einen unterschiedlichen Biorhythmus. Die meisten Menschen haben am Morgen und dann noch mal am frühen Nachmittag eine Phase, in der ihr Körper und ihr Gehirn in Höchstform sind. Das gilt auch für Menschen, die sich nicht als Morgenmenschen bezeichnen – ihr Hoch ist auch am Morgen – nur etwas später als bei anderen. Die Phase dauert etwa 90-120 Minuten an.

Diese Zeiten sollte man idealerweise für die Aufgaben nutzen, die am wichtigsten sind und für die es besonders hilfreich sein könnte, entspannt und kraftvoll zu denken. Je öfter du herausfordernde Arbeiten auf deine besten Zeiten legst, umso leichter wird es für dich werden, effizient und leicht zu arbeiten.

Außerdem geht der Körper ca. alle 90 Minuten durch ein Tief. Wenn man merkt, dass die Konzentration nachlässt, kann es sinnvoll sein, eine Pause zu machen. Oder zu einer weniger anspruchsvollen Tätigkeit zu wechseln.

Der beste Tag beginnt mit dem Abend. Am Morgen ist der Kopf meist in der noch leicht verträumten Alphaphase. In dieser Zeit ist man sensibel und empfindsam, kann aber nicht so klar und strategisch denken wie später am Tag. Entscheidungen treffen fällt schwer.

Deshalb ist es am besten, schon am Abend alles Wichtige für den nächsten Tag bereitzustellen. Und außerdem schon festzulegen, welche Aufgaben man wann angehen will. So kann man relativ entspannt in den Tag starten.

■ **Denk mal**

Was würde dir helfen, besser auf den Rhythmus deines Körpers zu achten und dir z. B. Pausen zu gönnen?

■ **Mach mal**

Bereite deinen nächsten Tag schon am Abend vor. Stelle alles bereit und lege die Reihenfolge deiner Tätigkeiten fest.

Es ist nicht zu wenig Zeit, die wir haben, sondern zu viel Zeit, die wir nicht nutzen.

—Jean de La Fontaine

Onlinedetox

■ Die ständige Erreichbarkeit durch mobile Geräte kostet viel Zeit. Der Deutsche verbringt 2,5 Stunden pro Tag mit sozialen Medien und schaut alle fünf bis sieben Minuten nach, ob eine E-Mail ankam. Er glaubt aber, es viel seltener zu tun.

Viele der Informationsbrocken, die wir durch soziale Medien aufnehmen, geben uns einen kurzen Kick. Sie haben eine mit Drogen vergleichbare Suchtwirkung.

Experten empfehlen, drastisch zu reduzieren, um Lebensfreude und Produktivität zu erhalten:

- *Benachrichtigungen abschalten:* Man reagiert mit leichter Anspannung auf Benachrichtigungssignale. Reduktion entlastet.
- *Mobilfreie Zonen definieren:* Überall erreichbar zu sein, raubt innere Ruhe. Hier kann man definieren: Kein Handy im Bad, Schlafzimmer, beim Essen.
- *Mobilfreie Zeiten festlegen:* Abends ab x Uhr kein Internet mehr, E-Mails erst auf der Arbeit lesen, sonntags und im Urlaub ohne Internet usw.

Wer den Konsum von Internet und sozialen Medien einschränkt, wird mit Entzug zu kämpfen haben. Der Kick, den »mal eben checken« gibt, und die Angst, etwas zu verpassen, sind heftige Treiber.

Hier hilft es, die Geräte außerhalb von Sicht- und Reichweite zu platzieren oder sie auf einem langen Spaziergang ganz zu Hause zu lassen. Wer sich erst einmal daran gewöhnt hat, wird die Entlastung und den Freiraum, den solche Zeiten schenken, nicht mehr missen wollen.

■ **Denk mal**

Welche Form der Internet- und /oder Social-Media-Reduktion könnte dein Gehirn entlasten?

■ **Mach mal**

Probiere eine Woche aus, abends eine bestimmte Zeit (z.B. 1-3 Stunden vor dem Schlafengehen) auf Internet und Social Media zu verzichten.

Multitasking-Detox

Gott hat die Zeit erfunden und der Mensch die Hast.

—*Michel Quoist*

■ Multitasking ist hip. Die meisten Menschen bilden sich ein, sie könnten problemlos zwei Tätigkeiten gleichzeitig tun. Sie irren sich. Die Hirnforschung zeigt, dass wir Dinge nicht gleichzeitig tun, sondern lediglich schnell zwischen Aufgaben hin und her springen.

Das merkt man, wenn man etwa bei einem Vortrag »schnell mal« eine Mail beantwortet und feststellt, dass man in dieser Zeit doch nicht richtig zugehört hat.

Jedes Umschalten kostet das Gehirn drei Sekunden Zeit. Der durchschnittliche Angestellte checkt alle fünf Minuten seine E-Mail – pro Stunde 24 Umschaltzeiten = 72 Sekunden Verlust pro Stunde = knapp 10 Minuten pro Tag. Das ist fast eine Stunde pro Woche.

Dazu kommt der Verlust an Flow. Wenn man richtig in einer Aufgabe drin ist und durch andere Menschen unterbrochen wird oder sich selbst unterbricht, braucht man bis zu 30 Minuten, um wieder voll im Flow zu sein.

Wer die Kraft und Energie des Gehirns erhalten will, tut gut daran, bei einer Aufgabe zu bleiben und diese fertig zu machen. Das kann im Kollegenkreis bedeuten, zu signalisieren, dass man eine Weile lang nicht unterbrochen werden will. Oder man geht in einen anderen Raum, um konzentriert zu arbeiten.

Um sich selbst nicht zu unterbrechen, empfiehlt es sich, verlockende Ablenkungen bewusst auszuschalten – z.B. Handy stumm zu schalten und Internet zu deaktivieren.

■ **Denk mal**

Womit unterbrichst du dich selbst am liebsten? Was bräuchtest du, um das weniger zu tun?

■ **Mach mal**

Beobachte dich selbst einen Tag lang. Notiere, wie oft du von einer noch nicht fertiggestellten Arbeit zu etwas anderem springst.

Flow

Ich genieße es zu arbeiten, besonders, wenn ich mich konzentrieren muss.
—Kaiser Wilhelm II.

■ Wem es gelingt, sich unterbrechungsfrei auf eine Aufgabe zu konzentrieren, der kommt leichter in den *Flow*. Mit diesem Wort wird der entspannt-angeregte Zustand beschrieben, in dem man fast mühelos und kreativ arbeiten kann.

Wer im Flow ist, erreicht in der gleichen Zeit drei- bis fünfmal so viel wie ein anderer, der ohne Flow arbeitet. Flow selbst kann man nicht erzeugen, aber man kann die Bedingungen schaffen, die die Wahrscheinlichkeit erhöhen, dass man in einen Flow-Zustand kommt.

Dazu gehören

- *Ausrichtung auf die Aufgabe* – vor dem Start sollte man überlegen: Was ist das Ziel? Wie will ich es erreichen? Was ist wichtig?
- *Körperliches Wohlbefinden* – z.B. durch gute Körperhaltung, kein Hunger, Harndrang oder Müdigkeit.
- *Ausreichend Zeit ohne Unterbrechungen* – ideal sind 60 bis 90 Minuten, dann braucht der Körper eine Pause.

Außerdem trägt der Körper dazu bei, dass man in den Flow – den idealen Zustand zwischen leichter Anspannung und Entspannung – kommt. Wer zu viel Stress hat, erlebt selten Flow.

Zum Stressabbau kann der Blick auf den Sinn der Aufgabe helfen, indem man sich das Ziel bildlich vor Augen malt. Auch Atemübungen können Stress reduzieren.

Wenn Körper und Seele eher zu träge sind, kann Aktivierung durch leichte Gymnastik oder Gehen helfen, die Chancen auf Flow zu erhöhen.

■ **Denk mal**

Wann erlebst du Flow am ehesten? Was trägt dazu bei?

■ **Mach mal**

Probiere für eine oder mehrere wichtige Aufgaben die oben beschriebenen Kriterien aus und halte deine Lernerfahrungen fest.

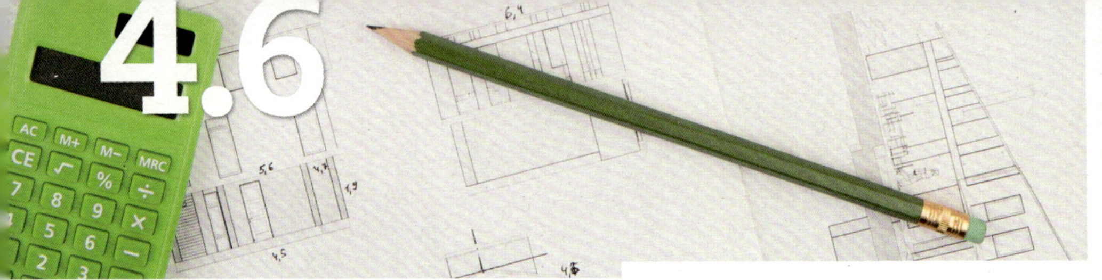

Denk- und Handlungsarbeit

Nachdenken bedeutet Stärke.
—Franklin D. Roosevelt

Fast jeder Mensch hat in seinem beruflichen und auch privaten Leben zwei Arten von Aufgaben: Denkarbeit, die viel Konzentration erfordert, und Tätigkeiten, bei denen man wenig denken muss.

Viele Menschen unterschätzen die Zeit und Ruhe, die sie brauchen, um etwas gründlich zu durchdenken. Und fast jeder neigt dazu, zuerst viele kleine Aufgaben zu erledigen, bevor er oder sie sich den großen Projekten zuwendet.

Andere beginnen zwar mit wichtiger Denk- und Projektarbeit, springen aber alle paar Minuten zu leichteren Aufgaben: aufräumen, E-Mails usw. Für das Gehirn ist das eine Katastrophe. Es findet nach vielen verschiedenen kleinen Aufgaben kaum mehr in die Konzentration, die es für fokussiertes Überlegen braucht.

Besser ist es, für Aufgaben, die gründliches Denken erfordern, einen längeren Zeitblock einzuplanen – vielleicht sogar kombiniert mit einem ruhigen Arbeitsort oder der Möglichkeit, beim Denken zu gehen. Der Rest der Zeit kann dann für die kleineren, mental weniger anstrengenden Aktivitäten genutzt werden.

Bei weniger umfangreichen Handlungsaufgaben lohnt es sich, vorab eine sinnvolle Reihenfolge festzulegen, in der man sie erledigen will. So braucht man die Liste dann nur noch Punkt für Punkt vollständig abzuarbeiten. Auch das ist entlastend für das Gehirn, weil es nicht mehr zu überlegen braucht: Was mache ich jetzt? Und es schenkt die Befriedigung: Ich bin fertig!

Denk mal

Welche deiner Aufgaben erfordern besonders gründliches Überlegen?

Mach mal

Probiere aus, Zeitblöcke für Denkarbeit einzuplanen und die Reihenfolge von Handlungsaufgaben festzulegen.

Trödeln

Müßiggang ist aller Zaster Anfang.
—Kerstin Hack

■ Früher hielt man Müßiggang für den Beginn von Laster und Schlechtigkeit. Zu einer Zeit, in der Menschen vor allem körperlich gearbeitet haben, mag das auch zutreffend gewesen sein.

Doch in einer Zeit, in der uns die Informationsflut zu schaffen macht und wir beispielsweise bis zu 600-mal am Tag mit Werbeinformationen konfrontiert werden, ist das Gegenteil der Fall.

Wir brauchen dringender denn je Zeiten, in denen einfach mal nichts ist. Das können kleine Ruheoasen im Alltag sein, in denen wir nichts oder etwas sehr Entspannendes tun. Der Autor Austin Kleon bügelt gern Hemden – weil er das so langweilig findet, dass ihm dann stets die besten Ideen kommen.

Daneben wenigstens ein halber Tag pro Woche und ein oder zwei Tage pro Monat, die nicht mit Programm gefüllt sind, sondern an denen man trödeln kann. Alleine oder gemeinsam mit Menschen, die man besonders gern mag.

Es ist wunderbar, Aufgaben kraftvoll zu erledigen und einen effizienten Arbeitsplatz sowie ein aufgeräumtes Zuhause zu genießen.

Doch wir Menschen sind nicht in erster Linie zum »To-do«, also zum Handeln erschaffen, sondern auch zum »To-be« – zum Da-Sein, zum Genießen.

Sich die Zeiten der Erholung, des Genusses und der Pausen zu gönnen, ist wichtig und wunderbar, weil es unsere Lebenskraft und unsere Lebensfreude erhält und stärkt.

■ **Denk mal**

Welche richtig guten Ideen sind dir in Zeiten des Müßiggangs gekommen?

■ **Mach mal**

Gönne dir eine Pause. Freue dich über alles, was du entdeckt, gelernt und bereits umgesetzt hast.

Das will ich mir merken

Du musst es nicht alleine schaffen!
Ordnung und Struktur aufzubauen, ist herausfordernd. Wenn es dir alleine zu schwerfällt, hole dir Unterstützung durch Freunde oder Profis.
Ich coache Menschen – in Berlin oder per Telefon. Ich helfe dir gern bei dem Prozess, neue Strukturen zu entwickeln. Und wenn du den ganzen Kram nicht allein anpacken willst, kannst du mich auch für einen Tag oder länger buchen, um gemeinsam mit mir vor Ort alles aufzuräumen und neu zu strukturieren.

www.kerstinhack.de/coaching